QUELQUES RÉFLEXIONS

SUR L'ESPRIT

QUI DOIT INSPIRER LES ÉCRIVAINS POLITIQUES,

AMIS DE LA PATRIE ET DU ROI,

ET DIRIGER LES MEMBRES DES COLLÉGES ÉLECTORAUX

DANS LE CHOIX

DES NOUVEAUX DÉPUTÉS.

Par l'Auteur de l'Écrit intitulé :

Sur les prochaines Élections des Membres de la Chambre des Députés, au 1ᵉʳ août 1815.

DE L'IMPRIMERIE DE MAME.

QUELQUES RÉFLEXIONS

SUR L'ESPRIT

QUI DOIT INSPIRER LES ÉCRIVAINS POLITIQUES,

AMIS DE LA PATRIE ET DU ROI,

ET DIRIGER LES MEMBRES DES COLLÉGES ÉLECTORAUX

DANS LE CHOIX

DES NOUVEAUX DÉPUTÉS.

(DOUZE AOÛT 1815.)

« Socrate disait : Que voulez-vous avoir ? voulez-vous des âmes raisonnables, ou sans raisons ? *Nous voulons des âmes raisonnables.* Voulez-vous des âmes saines, ou qui ne le soient pas ? *Nous voulons des âmes saines.* Pourquoi donc ne cherchez-vous point à les avoir ? *C'est que nous les avons.* Mais, si vous les avez, pourquoi vous querellez-vous ? Pourquoi vois-je parmi vous des partis contraires ? » (PENSÉES DE MARC-AURÈLE, ou leçons de vertu que ce Prince Philosophe se faisait à lui-même ; publiées par M. DE JOLY, *Chapitre VII. De la Raison divine et humaine.*)

A PARIS,

CHEZ { E. BABEUF, LIBRAIRE, RUE DU PETIT-LION-SAINT-SULPICE, n° 26 ;
DELAUNAY, LIBRAIRE, AU PALAIS-ROYAL, GALERIE DE BOIS ;
PELICIER, LIBRAIRE, AU PALAIS-ROYAL.

1815.

AVANT-PROPOS.

L'HOMME qui interroge avec soin les opinions, et qui observe avec discernement les différens partis, ne peut s'empêcher de faire une réflexion, dont les développemens sont d'une haute importance pour la *Nation*, pour le *Roi* et pour l'*Europe* entière : c'est que l'*esprit révolutionnaire*, qui a trop long-temps agité la France, et dont les funestes écarts ont fait oublier les vrais principes et le but de la révolution, a maintenant passé dans une certaine classe d'anciens royalistes, et peut livrer la France à de nouvelles et incalculables calamités. Les amis de l'ordre et tous les bons citoyens doivent veiller à ce que cet esprit ne puisse point dominer dans la nouvelle Chambre des Députés. Il serait nuisible aux intérêts du Roi, à ceux de la France, à la tranquillité générale de l'Europe.

Quel est le premier besoin de tous les états ?...... *Le repos*, nécessaire pour cicatriser les plaies profondes qu'ils se sont faites mutuellement.

Ce repos n'a de garantie que dans des institutions sociales, appropriées à l'état actuel des lumières, et destinées à concilier les intérêts de la puissance des monarques, ceux de la liberté publique, et les droits des citoyens. Nous voulons tous la fin de la révolution et la paix.

Quel est l'esprit qui doit, pour le bien commun, animer les cabinets des Puissances, notre Ministère, et nos deux Chambres Législatives.... C'est un esprit de modération, de calme, de sagesse, sans lequel, au milieu du cahos des passions déchainées, l'abîme entr'ouvert sous nos pas peut s'agrandir et nous dévorer.

Les Monarques alliés, réunis dans notre Capitale, paraissent vouloir y poser les bases d'une paix durable. Leurs armées occupent nos provinces. Tous les Français doivent leur offrir l'exemple de l'*union*, qui est désormais le seul moyen de garantir la patrie des plus grands malheurs.

Si nous présentons aux étrangers le spectacle d'une nation divisée, nous favoriserons les projets de ceux qui en veulent à l'unité de la France. Si nous consultons de bonne-foi nos véritables intérêts, qui sont les mêmes pour toutes les classes de Français, nous disposerons les Rois et leurs Peuples à honorer et à respecter notre caractère national, éprouvé par de longues adversités.

Les Réflexions, qui vont suivre, ont pour objet d'offrir un court déve-

loppement de ces vérités incontesta-
bles , appliquées aux élections des
membres de la nouvelle Chambre
des Députés.

QUELQUES RÉFLEXIONS

SUR L'ESPRIT

QUI DOIT INSPIRER LES ÉCRIVAINS POLITIQUES,

AMIS DE LA PATRIE ET DU ROI,

ET DIRIGER LES MEMBRES DES COLLÉGES ÉLECTORAUX

DANS LE CHOIX

DES NOUVEAUX DÉPUTÉS.

Par l'Auteur de l'Écrit intitulé :
Sur les prochaines Élections des Membres de la Chambre des Députés, au 1ᵉʳ août 1815 (*).

...Les sentimens et les principes qu'il convient de développer aujourd'hui dans les écrits politiques, pour servir utilement la Patrie et le Roi, ne doivent tendre qu'à étouffer tous les germes de divisions intérieures ; à empêcher des réactions, à recommander la modération et la paix, à réunir les Français de toutes les opinions autour

---

(*) Cet Écrit, publié à Paris, où il vient d'avoir deux éditions, se trouve chez Babeuf, libraire, rue du Petit-Lion Saint-Sulpice, nº 26; chez Delaunay, libraire, au Palais-Royal, galerie de bois; et chez les Marchands de Nouveautés.

du Roi et du Ministère , à faire prévaloir et con-
solider les garanties constitutionnelles demandées
par tous les hommes sages. . . . En politique , les
limites sont des garanties pour l'autorité du Prince,
comme pour la liberté du Peuple.

Ces sentimens et ces principes exercent sur
l'opinion publique une influence plus salutaire ,
et surtout plus favorable au gouvernement , que
les déclamations des écrivains qui s'abandonnent
à des passions aveugles et violentes , et qui
nuisent essentiellement à la cause même qu'ils
ont sans doute l'intention de bien servir.

. . . Il importe beaucoup de calmer les passions
haineuses qui sont en fermentation sur plusieurs
points de la France , où elles ont occasionné déjà
des scènes sanglantes.

Le calme , l'union , l'oubli du passé , l'indul-
gence mutuelle pour tout pacifier, la modération
pour concilier les esprits , l'énergie combinée
avec la sagesse pour assurer le règne des lois ,
sont les seuls moyens d'arrêter les troubles actuels
  de prévenir de nouveaux malheurs.

Les citoyens appelés à exercer le *droit élec-*
toral ne sauraient trop se pénétrer de ces
vérités : ils doivent les appliquer à notre situation
présente et aux choix qui leur sont confiés. Ils
doivent redouter surtout l'*esprit révolutionnaire*

qui nous a causé tant de maux, et empêcher que les hommes chez lesquels cet esprit dominerait puissent arriver dans la Chambre des Députés, où il étoufferait nécessairement le vrai patriotisme, la justice et la raison. Car, c'est la sagesse, et non la passion et l'exaltation des sentimens, qui peut affermir le trône et rétablir peu-à-peu la prospérité publique.

Mais, ne serait-on pas fondé à croire que cet *esprit révolutionnaire*, germe fécond de troubles, qui ne serait pas moins funeste, anti-social, destructeur de toute moralité, de toute vertu, *en* 1815, qu'il ne l'a été, *en* 1795, est aujourd'hui plus actif et plus dangereux dans le camp des anciens royalistes, que du côté des partisans d'un système libéral et constitutionnel? Les premiers, en effet, ont à réclamer des propriétés dont la révolution les a dépouillés; ils ont à exercer des vengeances pour les maux qu'ils ont soufferts; ils ne peuvent se livrer à leurs passions, sans troubler de nouveau l'ordre social. Les seconds veulent conserver les propriétés qu'ils ont acquises sous la garantie des lois, et faire assurer le maintien des institutions actuelles que la Charte a consacrées. (On a rappelé, dans le premier écrit *sur les prochaines élections*, quelles sont les bases principales de ces institutions).

De ces deux classes de Français, je le demande à tout homme de bonne foi, quelle est celle qui nous expose le plus à des chances nouvelles de révolutions ?...

Le *Bonapartisme*, dont quelques hommes aigris et passionnés voudraient faire un nom de parti et un titre de proscription, en l'appliquant d'une manière vague et arbitraire, par un contre-sens bizarre, et avec une insigne mauvaise-foi, à ceux-là même que Bonaparte a le plus constamment persécutés, n'est-il pas, dans sa définition la plus exacte, un *système de terrorisme, de despotisme absolu, d'étouffement de toute liberté, de destruction de toutes les garanties sociales*, dont le régime impérial, d'odieuse mémoire, nous a fait apprécier, par une longue et cruelle expérience, les inévitables résultats ?....

Défions-nous donc des hommes qui, en prenant d'autres couleurs, voudraient employer les mêmes moyens ; qui ne veulent, comme Bonaparte et ses disciples, ni constitution, ni loi, ni garantie. Refusons nos suffrages à ces véritables et dangereux *Bonapartistes*, à ces *révolutionnaires exaltés*, quelles que soient leurs bannières, qui voudraient faire substituer le règne de l'arbitaire, ou l'anarchie et la licence au règne régulier et paisible des lois, pour se livrer impunément à leurs passions, et qui, par un esprit d'irritation et de vengeance, disposé à favoriser tous les genres d'excès, ne compromettraient pas moins la sûreté du trône que la tranquillité de la patrie.

Nous avons un *Roi* sage, éclairé, qui veut fonder une monarchie constitutionnelle et tempérée; nous avons un *Ministère*, fort de son unité, qui sera d'autant mieux porté à exercer une justice impartiale, qu'il sera mieux affermi et à l'abri des agitations. Il n'est pas moins essentiel pour nous d'avoir un *Corps Représentatif*, dont l'énergie soit calme, entièrement dégagée de tout esprit de faction, dont la seule et dominante passion soit celle du bien public, l'amour de la Patrie et du Roi. Les plus chers intérêts, les devoirs les plus sacrés des Collèges Electoraux se rattachent à la bonté de leurs choix, dont *ils sont responsables à la France* entière.

Si les Députés sont bien choisis et se conduisent en vrais citoyens, s'ils offrent une représentation fidèle et complète de la Nation, s'ils en sont les dignes interprètes; si le *Roi*, ses *Ministres* et les *deux Chambres législatives* marchent et agissent dans le même sens, avec une parfaite harmonie, les *Puissances alliées* prendront confiance en nous : elles ne craindront plus de.nouvelles révolutions en France ; elles n'auront aucun motif, ni aucun prétexte pour ne point remplir leurs promesses solennelles de respecter l'indépendance et l'intégrité de notre patrie. Alors seulement, la *paix* aura des garanties ; la *Monarchie constitutionnelle* s'appuiera sur des fondemens solides ; le double bienfait de la *constitution* et de la *paix* réalisera les vœux de notre Roi et de tous les bons Français, et nous pourrons voir briller l'aurore désirée d'un avenir plus heureux.

M. A. J.

www.ingramcontent.com/pod-product-compliance
Lightning Source LLC
Chambersburg PA
CBHW060737280326
41933CB00013B/2674